황
현
아

길가에 흔들리는 풀 한포기
그 연약함이 당신과 다를 바 하나 없겠지만

작은 그림자라도 괜찮다면
그늘 아래 한 템포 쉬어가세요.

그렇게 가만히 기대어있는 온기에
나는 또 내일 꽃잎을 흔들어 드릴 수 있겠습니다.

글, 그림 | 황현아

감정의 스물네 시간

―

황현아 에세이

목차

늦은 오후

프롤로그	06
당신의 밤은 안녕하신가요	11
시작은 끄트머리에서	19
향기를 손에 잡으려다 쓴 글	25
영원의 바다	37

이른 오전

잠에 든 그대에게	49
우린 때때로 해답이 필요하지 않은 순간이 있다	55
레시피 다이어리	69
커피는 연하게, 헤이즐넛 시럽 넣어주세요	75
에필로그	84

프롤로그

작가는 보답을 재단하며 기대할 시간에 차라리 하나라도 더 주고 싶어 하는 사람이다. 다른 이의 눈썹이 꿈찔거리는 사소한 시그널은 놓치는 법이 없으면서 정작 자신에겐 무심하기 일쑤였다.

그럼에도 불구하고 내가 외롭고 쓸쓸한 만큼 다른 이의 마음도 고단할까 봐 더 챙겨주고 싶어 한다.

나를 휘감은 주변의 모든 것이 깜깜할 때. 그저 곁에 가만히 머무는 문장 하나가 얼마나 큰 온기를 품어주는지 잘 알고 있기 때문이다.

그저 오늘도 어김없이.
내 곁에 머물러 주는 사랑스러운 사람들의 하루가 모나질 않길 바란다.
창밖의 거리를 지나는 행인의 오늘이, 쉽게 잊힐 만큼 별일 없길 바란다.
얼굴도 모르는 그대들의 시간이 잔잔하길 바란다.

길가의 보도블록 사이 힘겹게 머리를 내 뺀 작은 풀꽃 하나처럼
특별할 것 없어 쉽게 지나쳐갈 수 있는 모든 것처럼

우리를 훑고 지나가는 시간 속에서 당신들의 오늘이 그림자가 되어 붙잡지 않고 계속 스쳐 지나갈 수 있도록 평범한 하루가 되었으면 좋겠다.

그러다 가끔 꽃 한마디가 눈에 띄어 잠시 머물고 싶다면
기꺼이 내가 가진 작은 잎 그늘을 내어드릴 테니.
밤이 어둑해질 때 눈을 감고 별이 희미해질 때 숨을 내쉴 수 있길 바라며 글을 지었다.

2023년 겨울밤에서
불면 중인 황현아

늦은 오후

나는 자주 생각에 잠기곤 한다.
그저 생각들의 돌고 도는 꼬리잡기를 지켜볼 뿐이다.

그들에게도 색이 있다면
나쁜 생각은 시선을 사로잡고야 마는,
아주 매혹적인 색일 것이다.

그것은 매우 색이 짙어서 한번 묻어나면
지워내기까지 오랜 노력이 필요했다.

09 : 30 PM

안녕하신가요 당신의 밤은

늦은 저녁, 불 켜진 창문들이 처량해 보일 정도로 빽빽하게 박혀 있는 빌딩들. 이 적막한 거리엔 저런 건물들이 즐비하게 널려 있다. 별을 보고 나왔다가 달을 보며 돌아가는 길.

저녁 공기는 어쩐지 푸근해서 긴장이 풀리게 하고 약간의 서늘한 온도는 낮 동안 끓어올랐던 마음을 가라앉힌다. 바깥으로 나와 멀리서 되돌아보자 비로소 야경이 되었다.

어둠이 짙어서 빛이 눈 부신 거라고, 나는 빛나는 것의 화려함이 무섭다.

흐늘흐늘해진 몸뚱이를 얼른 폭신한 침대에 뉘고 싶어 발걸음을 재촉한다. 그런데 밤 내음이 너무 좋네, 이대로 집에 들어가기가 아쉽다.

발길이 지나가는 상가 단지에 몇몇 음식점들은 얼굴이 빨개진 사람들로 성황이다. 시원하게 찰랑이는 보리 빛 맥주가 부딪히는 소리, 지글지글 새어 나오는 양 꼬치 냄새. 나도 친구들을 불러서 한잔하고 갈까 마음이 동한다.

하지만 급히 약속을 잡으려면 오늘의 얼마 남지 않은 저녁 시간을 쪼개고 만남을 위해 이동해서 가야 한다. 지금의 상태라면 한두 잔만 비워도 금방 잠이 올 것 같은데… 내일 출근은 몇 시까지 해야 하더라.

걱정을 걱정하는 게 피곤해져서 모두 관두기로 한다.

한두 해 나이가 늘어갈수록 걱정만 늘어간다.
오늘 하루를 숨 가쁘게 굴려왔지만 정작 나 자신을 채우기 위해 쓰인 시간은 한 조각도 없었다. 돈을 벌기 위해 태어났는가 태어난 김에 돈을 버는 것인가. 선택권이 없는 정체성을 고민하다 보니 어느새 집 근처에 다다랐다.

집 앞 골목 모퉁이에 있는 편의점에서 병맥주 하나를 골랐다. 바삭한 조각 치킨 한 점을 곁들면 좋을 것 같은데 진열대가 텅 비어있다.
음, 나 같은 저녁을 가진 사람이 많았나 보다- 하고 맥주만 계산해서 나오며 앞선 이들의 조촐한 파티를 응원해 본다.

오늘 하루 나를 표현해 줬던 옷가지는 아무렇게나 내팽개치고서 곧바로 샤워를 한다. 서러움에 치이고 버거움에 굴러다니느라 몸에 엉겨 붙었던 먼지들을 씻어 보낸다.

한결 가뿐해진 몸으로 맥주 병뚜껑을 따내 몇 모금 연달아 마신다.
쓰다. 원래 술 자체를 좋아하진 않지만 오늘 하루 중 유일하게 나의 씁쓸함과 닮아있어 어쩐지 위로받는 느낌이다.

적막을 없애 줄 영화 한 편을 틀었다.
내용이 궁금하기보단 이 공간의 배경 음악으로써 상영된다.

몇 모금 맥주를 홀짝이다 문득 시계를 바라보니 벌써 자야 할 시간이 훌쩍 넘었다.

영화 속 여주인공의 이야기는 이제 클라이맥스가 시작되려는 참에 정지되었지만 당신은 그렇게 긴장된 표정을 지을 필요 없다. 그대에겐 어차피 해피엔딩이 준비되어 있을 테니까. 이쪽의 맥주는 아직 절반이 차 있을 뿐이다.

자리에 누워 떠올려보니 오늘도 역시 어제와 다를 바 없는 하루이다.
곰곰이 생각할 필요도 없는 사실. 누군가 옆에서 가만히 토닥여 주면 좋겠다.

피곤한 귀에 충고나 조언을 읊는 게 아니라, 그냥 오늘 하루 나에게 있었던 평범한 일을 들어주고 나를 속상하게 했던 일을 같이 욕해주고.
하루의 끝자락에서라도 잠깐이나마 반짝일 수 있게 옆에 있어 주면 좋겠다.

눈치 없이 이 밤의 달이 야속하게 가라앉고 있다.
네가 가버리면 정말로 내일이 와버릴 텐데…

그리운 얼굴이 눈을 흐리자 이만 오늘을 닫기로 한다.

" 그대가 내게 돌아올 수 있도록
　　붉어지는 알람 "

10 : 45 PM

시작은 끄트머리에서

내 책상 위엔 손 한 뼘보다 작은 화분이 하나 있다.
화분에는 검지 한마디 정도 앙증맞은 크기의 하트 모양 이파리 세 장이 다닥다닥 붙어있는 다육식물 하나가 심어져 있다.

화분은 정사각형으로 네모반듯한 모양이고 귀퉁이에 보드라운 광택이 도는 것을 보니 도자기 재질로 만들어진 듯하다. 새하얀 화분의 앞면에는 검은색 테두리를 가진 투명한 텍스트 박스 스티커를 붙여 두었다.
글귀는 and then yet.
인터넷에서 화분을 구매할 때 직접 주문 제작했던 글귀이다.

"그럼에도 불구하고." 제일 나와 닮아 있는 말이었다.

때로는 아낌없이 내리쬐는 햇살에도 불구하고 피어나지 못하는 것. 가시에 찔릴 것이 아파 차마 손을 뻗지 못하다가 차라리 품에 안아버리는 것. 내 사랑은 언제나 그런 것이었다.

생채기가 나지 않도록 너만은 잘 보살펴 주고 싶은 마음에 "사랑이"라고 이름을 붙여주었지만 지금 내려다보니 화분 정중앙의 허브 줄기는 말라 죽어가고 있다.

세 이파리 중 양쪽의 잎은 볼품없이 쪼그라들어 더 이상 회생이 불가해 보인다. 주변의 양분을 모두 뺏어서라도 독점하는 듯 오직 가운데에 자리한 녀석만이 끝자락 앞에서 당당하게 생명력을 내뿜고 있다. 하지만 썩어 올라오는 아래 줄기를 보니 녀석 역시 죽어갈 일만 남아 있다.

한날한시에 함께 물을 머금었을 텐데 어찌 너만 살아가는 것일까.
같은 때 같은 마음으로 물을 주었는데 왜 너 혼자만 알아들었을까.

파릇했던 첫 모습이 일렁이자 내가 너무 많이 쏟았나 혹은 너무 적게 흘려보냈나 찬찬히 되짚어 보게 된다. 언제나 그랬다.

나만 고쳐지면 우리를 되돌릴 수 있을 것 같아서.
지나간 시간 속에서 이러지 말았어야 할 순간들을 찾아 뒤적였다.

처음 마주할 때의 낯섦, 신기함과 사랑스러움이 뒤섞인 눈빛.
'속흙이 촉촉해질 때까지 물을 주세요'라는 주의사항이 대체 몇 ml의 물을 주라는 것인지 몰라서 조금씩 여러 번 부으며 허둥대던 마음들까지.

기억의 서랍을 헤쳐 놓은 후에야 비로소 다시 마주할 수 있었다.
메마른 지금의 너와 나를 보니 지난날의 서투른 관심이 더욱 예쁘게 반짝였다.

또다시 기회가 있을까.

말라붙은 허브 줄기는 대답이 없다.
이미 지나쳐왔다는 뜻이었다.
살기 위해 욕심껏 양분을 끌어 담고 있는 사랑이도
썩은 줄기를 차마 잘라내지 못해 품에 안은 채 지켜보기만 하는 나도.

우리에게 준비된 마지막 장면을 알고 있음에도 불구하고 그 순간이 발끝에 닿기 전까진 오늘 하루만 더 담아 두고 싶어 한다.

미련한 인연을 놓지 못한 채.
"— and then yet."

12 : 59 AM

손에 잡으려다 쓴 글 향기를

향기

"다녀왔습니다." 집에 돌아왔다.
어릴 때는 외출을 한 뒤 집안에 들어설 때 사람이 있든 없든 꼬박꼬박 소리를 내어 인사하곤 했다. 이것은 내가 안전 가옥에 들어섰다고 스스로에게 알려주는 소리이기도 했다.

(다녀왔습니다.) 다시 집에 돌아왔다.
혼자 살기 시작한 이래로 언젠가부터 나는 더 이상 소리 내어 인사하지 않는다. 처음에는 아무도 없는 빈 곳에 인사를 던지는 것이 외롭기도 하고 혹시나 무엇인가가 인사를 받아주면 어떡하나라는 엉뚱한 공포심도

들어 그만두었다. 문득 그 공포심은 내가 이 공간에 온전히 혼자이기 때문에 드는 감정임을 자각하자 비로소 독립을 실감하였고 그때부터 나만의 공간을 위해 내가 편할 수 있는 것, 내가 좋아하는 것들로 꾸미기 시작했다. 첫 타자는 디퓨저였다.

본래 나는 후각이 꽤 민감한 편이다.
집에 돌아오는 길가에 수줍게 한 그루만 피어 있는
이름 모를 보라색 꽃나무의 은은함,

바람을 타고 멀리까지 마중 나오는 짭조름한 바다 내음,

세상의 모든 냄새가 짙어지고 비릿해지는
비가 쏟아지기 전의 축축함,

냉장고 안에서 며칠이 지났는지 몰라 군데군데 멍이 든
딸기조차 달콤한 향을 짙게 내뿜는다.

이토록 자연의 향기는 그 자체로도 너무나 생생하고 황홀하지만 본을 따서 인위적으로 만들어낸 '-무슨 무슨 향'은 어쩐지 나에겐 너무 독하게 느껴져 미간을 찡그리게 만든다.
이 때문에 향수류를 싫어해 왔고 화장품조차 잘 쓰지 않는다.

그러던 어느 날 오빠의 차를 한번 얻어 탄 적이 있었는데 오빠의 이미지와 어울리지 않게 차 안이 달콤한 향으로 그득했다.
너무 끈적한 달콤함은 아니고 아주 약간의 상큼함도 느껴지지만 절대 시큰하진 않았으며 약간의 꽃 향까지. 계속 맡고 싶은 향이었다.

이게 무슨 향인지 계속 생각하다가,
"청포도 알사탕 향이다!"라고 외쳤다.

오빠에겐 그냥 딸기 정도의 향으로만 느껴진다고 하더라. 나중에 제품을 찾아보니 오디와 체리를 섞어 만든 방향제였다.
같은 향인데 서로의 기억을 스쳐 가는 향은 달랐다.

그날 이후로 우리 집엔 차량용 방향제 하나가 디퓨저로써 자리매김하였고 그 자리에서 1년 넘게 같은 향으로 공간을 채워주고 있다. 본디 물건이 사명 받은 목적과 쓰임 용도가 다르더라도 전혀 상관하지 않았다. 나에겐 매우 만족스러웠으니까 그걸로 의미를 다 했다.
그런데 이제 와서 문득 킁킁거리니 이곳에는 아무 냄새도 나지 않는 듯하다.

익숙해져 더는 느끼지 못하는 것일까.
아니면 이미 가득 채운 후에 사라진 것일까.

향수

나에게 맞춰진 공간에 누군가를 초대한다는 건 정말 여간 신경 쓰이는 일이 아닐 수 없었다. 이것은 누군가를 마음에 들일 때와 꼭 닮아있었다.

나에겐 익숙한 것들이지만 너에겐 불편하지 않을지.
먼 발걸음 온 것을 후회하지 않도록 섭섭지 않게 계속 살펴봐 줘야 할 것 같고, 무엇보다 내가 가꿔온 이 공간이 너의 눈에도 차길 바라는 마음에 계속 신경이 쓰일 수밖에.

이 공간은 내가 엎어짐과 떠오르길 반복하면서 쌓인 장면들이 모여 존재하며 주섬주섬 끌어안아 온 추억 조각들로 곳곳이 장식되어 있다. 하지만 마침내 둘러보니 이 안에 나는 없고 그 사람의 순간들만 그득한 것이다.

가만히 서 있을 때 잔 바람에 천천히 움직이던 머릿결.
한쪽으로만 체중이 실려 이따금 휘청이며 걷는 발걸음.
게임을 할 때 위기의 순간을 넘기면 잔망 지게 터져 나오는 웃음소리.

코를 들이마시면 얼굴 한쪽에만 지나가는 주름조차 신기하고
나와 마찬가지로 뭔가에 집중할 때면 손톱을 잘근거리는 버릇까지.
쓸데없게도 사소한 이 모든 것들이 이곳에선 소중하게 쌓이고 있다.

내가 "이따금"이라는 표현을 사용하면 마치 국어 선생님 같다고 웃겨 하던 너의 모습이 오버랩 되며 나도 따라 슬며시 웃음 짓게 된다.

길을 걷다 익숙한 섬유 유연제 냄새가 지나치거나 익숙한 형태의 누군가가 앞서 보이면 나도 모르게 두근거리는 마음으로, 그리던 네가 맞는지 그럴 리 없는 우연을 기대한다.

이 순간들마다 내 안에 쌓인 기억 상자들이 마침내 향기가 되어 새어 나오고 있음을 느낀다.

이 향기는 꽤나 제멋대로 흘러나오고 우리가 함께한 곳이라면 때로는 눈이 닿는 모든 공간에 머물러 있다. 이러니 내 안에 온전히 나만 있을 수 없는 까닭이다.

처음에는 방 한편 만 내어줄 생각이었는데 원룸이었던 모양이다.
마음을 복잡하게 다룰 줄 몰라서 전부 건넸더니 나 자신의 기억 상자는 더 이상 쌓이는 일이 없어져 버렸다.

그래도,
그 사람이 향기로워하는 꽃이 되고 싶었다.

나는 깊은 속마음을 표현하는 것을 꺼려서 정작 하고 싶은 말은 늘 삼키곤 하는 유형이었다. 사람을 잘 믿지 못해서 나의 정보를 알리는 것이 불편했고 지칠 때는 세상으로부터 숨어버리는 것이 가장 마음 편안해지는 길이었다. 대부분 밝고 단단한 모습으로 보이지만 내가 온전한 나로 있다고 느끼는 순간은 우울함과 위태로움을 눈치 보지 않고 뿜어낼 수 있을 때였다.

나는 자신이 없었다. 내가 아끼는 이들에겐 언제나 내가 가진 것 중 가장 좋은 것만 주고 싶었고 그에게 내가 좋은 사람이고 싶었다.
눈을 떠보니 나는 바닥이 동이 난 향수였다.

채우기 위해 있던 것을 버려낸 탓이었을까.
내가 좋아하는 것으로 욕심껏 채웠지만 내 것은 보이지 않았다. 익숙하진 않았지만 소중한 존재들이었기에 그저 채워두고 바라볼 뿐이었다.

온갖 달콤한 향기가 진동하지만 어쩐지 나를 숨 쉬게 만드는 것은 없었다. 결국 우울함을 뿜어내지 않고는 더 이상 견딜 수 없어, 거리를 벌리고 스스로를 혼자로 만들고야 말았다.

(다녀왔습니다.) 이 공간에 또다시 나 혼자 돌아왔다.

생화

야수의 소중한 장미꽃 한 잎이
찬 바닥을 향해 헤엄쳐가듯
남실남실 떨어지고 있는 찰나였다.

찢어진 구석에 웅크려 공허한 숨을 들이쉬고 있을 때 그가 차분히 말을 건네왔다. "항상 응원해 줄게. 내가 도와줄 수 있는 일이면 도와주고 너한테 필요한 사람이 됐음 좋겠다."

애써 가려둔 어리석음이 부끄러워지자 천천히 고개를 들어 바라볼 수 있었다. 꽃잎이 바스러져 가고 있는 바닥이 아니라 꽃잎이 떠나오기 전 달려있었던 곳의 풍경을.
내가 그토록 좋은 사람이 되고자 못생긴 나를 숨겨가며 수많은 밤을 뒤척였지만 그는 내가 자신을 필요로 하기만을 원하고 있었다.
더 나은 내가 아닌, 그냥 내가.

어쩌면, 그도 나의 꽃이 되고 싶었을지도 모른다.

아무리 매혹적인 향기여도 익숙해지면 더 이상 느낄 수가 없었다.
바뀐 것은 아무것도 없다. 이 공간도, 조용한 방을 가득 채우고 있는 향기도, 여기에 홀로 누워 있는 사람도.

디퓨저를 바라보았다. 용액의 눈금이 어느덧 처음의 1/3만큼만 남아있었다. 실은 하도 아무 냄새가 안 느껴져서 디퓨저 스틱이 망가졌는가 싶었는데 내가 알아채지 못한다고 하더라도 그는 꾸준하게 공간을 채워주고 있었다. 바꾼 것은 아무것도 없었는데, 다행이었다.

바닥에 누운 채 고개만 돌려 창밖을 보니 문 너머 꽃나무는 이미 흐드러진 막을 내린 지 오래다. 몸을 일으켜 나지막이 창문을 열자 닫혀있던 공간에 바람이 불어온다.

지나가는 바람 앞에 눈을 감으니 이곳에서 꽃 내음이 느껴진다. 하늘거리는 꽃잎 아래 너의 새하얀 웃음이 흘러나오고 있다. 꽃내음을 맘껏 뽐내던 그날의 오후는 액자에 넣어둬야겠다. 만개한 꽃잎도 무성한 푸른 잎도 겨우내 앙상한 자태까지. 계절을 가르는 시간 속에서 그 하나는 여전히 자리를 지키고 있었음을 잊지 않기 위하여.

꿈이 끝나지 않는 이곳에서 다시 청포도 알사탕 향기가 흐르는 듯하다.

"
추적추적 비가 내리는 늦은 저녁.

때아닌 때에 온도가 풀린 탓인지
눈이 비가 되어 녹아, 내리고 있었다.

북새통이 되어 가득 젖은 퇴근길.
서로가 몸을 구겨가며 덜컹덜컹 실려 가는 지하철.

젖은 우산과 외투들의 치근덕거림에
한참을 시달려 도착한 집.

공간은 홀로 비어 있던 시간만큼 차가워져 있다.
아무도 찾지 않았던 이곳을
나 홀로 조용히 다시 데워본다.

흠뻑 젖은 몸의 찬 기운을 토닥이니
쓸쓸함이 되어간다.

괜스레 청승에 젖는 찰나에 문이 열리고
품에 한 아름 꽃을 안은 네가 들어왔다.

오는 골목 모퉁이에 꽃집이 보이길래 사와 봤다는 말.

그 꽃은 향기도 생기도 없는 드라이플라워였지만,
어두운 빗속에서 나를 떠올렸을
너의 마음에서 은은한 온도가 퍼져왔다.

그래서 눈이 비가 되어 내리고 있었나 보다.
때아닌 때에 품에 안으니 녹아내리는 깊은 저녁."

03 : 08 AM

영원의 바다

천천히 눈을 뜨면 물이 잔잔하게 찰랑이는 바다 위에 누워있곤 한다.

눈부심이 아름답지만 너무 짙푸른 남색의 물빛이라
바닥이 감히 가늠조차 되지 않을 만큼 깊고 넓은 바다 한가운데.

하늘은 환하지만 어디에도 태양의 모습은 보이지 않는다.
그저 빛이 밝을수록 이 바다의 지평선은 끝이 없음을 알게 할 뿐이다.

나는 언제나 이곳에 있었다.

바다는 나를 덮치지도 물살이 거세지지도 않고
그저 끝없이 광활하게 펼쳐진 채 마르지 않는다.

바다에서 나는 가끔은 헤엄을 치고
어떤 때는 머리끝까지 잠겨 있기도 하고
지금처럼 그저 가만히 누워 표류할 뿐이다.

바다는 온도가 없었다.

처음에는 손끝에만 감돌던 차가운 기운이
조금씩 조금씩 타고 올라와
어느덧 가슴까지 시려지면
바다에 잠겨 있었으므로.

바다는 차가운 존재가 아닐까 짐작할 뿐이다.

바다에 떠 있으면 주변의 소리가
아주 멀리 있는 것처럼 무겁게 잠기지만
분명하게 속삭인다.

그 속삭임은 아주 작은 먼지 조각마저
나의 허물로 만들고야 말고

타인이 내뿜는 비난의 냄새가 되어
나를 비릿하게 감싼다.

그러면 나는 머리카락 한 올마저 보이지 않도록
끝내 바다에 가라앉아 숨어버린다.

바닷속에 깊이 잠겨 있으면
어떤 것도 더 이상 내게 닿을 수 없었고

지긋하게 맴돌던 속삭임은 그저 잔상이 되어
언젠간 옅어져 사라지고 만다.

나는 온몸을 바다에 적신 채
그 시간을 기다릴 뿐이다.

바다에서는 시간이 얼마나 흘렀는지 알 수 없었다.

바다에 오래 몸을 담그고 있을수록
나의 일부 하나하나가
바다를 닮아 짙푸르러지고
마침내 바다의 일부로 사라져 가기 때문에.

오래 머물지 않도록 스스로 깨어나길 바랄 뿐이다.

단호하게 말하길, 나는 바다와 멀어지고 싶지만
아무리 거리를 벌려놔도
어느샌가 바다의 밀물은
찰나의 순간에 차올라 전부를 잠식하곤 했다.

나는 또다시 바다 위에 누워있다.

바다를 벗어나기 위해, 혹은 이 끝을 탐구하기 위해 헤엄치지 않는다.
끝을 알 수 없는 이 바닥에 가라앉아도 상관없다는 듯이
마냥 잠겨버리지도 않고.

그저 환하기만 한 하늘을 바라보며 둥둥 떠 있을 뿐이다.

끝을 알 수 없는 이 바다는 그저 가득 채워진 채 찰랑이고 있다.
영원히 마르지 않을 것처럼.

"
바다, 너의 품은 조용하지만 참으로 시끄럽다.
이다지도 넓으니 나를 머리끝까지 감싸 안는 것이군.

누가 차갑고 누가 뜨거운 것인지 감각을 알아챌 수 없다.

다만 맞닿은 면이 쓰라려오는 것을 보니
내가 아직 아픔은 느낄 수 있나 보다.

아, 너의 품에 너무 오래 있었다.

덕분에 아직 아파해야 할 것이
남아있음을 알고 간다.

손목을 뜨겁게 휘어잡은 채 아쉬워 마라.
너는 다시금 돌아올 것이 아닌가.

그때 내게 다시 아픔을 줄 수 있길 바란다.

더 이상 어떤 것도 아프지 않을 때,
그때는 너라도 곁에 있어주길 바란다.
"

이른 오전

모난 돌도 구르면 동그래진다 했던가.
깎이다 보니 어느새 모난 것도 아니고 둥근 것도 아닌
어중간한 상태가 됐을 때.

그제야 돌덩이는 생각을 한다.

언제 몸집이 이렇게 자그마해졌지.
이러다 마침내는 사라지는 게 아닐까.

아직 어디에도 속할 수 없는 돌은 잠시 멈춰 쉬어가기로 한다.
왜 구르고 있었더라.
굴러온 길 위에 내가 버리고 온 돌조각들을 하나하나 바라본다.

" 밤마다 너에게 시달리는 건 어려운 일이 아니었다.

나를 괴롭히는 너는 나의 모든 순간에 함께 있었으니,
오히려 너는 나의 영원한 그림자이다.

이 밤이 우리의 끝이 아님을 알고 있다.

네가 느끼는 것은 나 또한 느끼고 생각하니,
겁먹지 말아라 쫓기는 것을.

손에 잡히는 것은 오직 나뿐일 테니. "

04 : 10 AM

잠에 든 그대에게

유리창 너머의 세상을 지그시 바라보면
점 하나는 반드시 움직이곤 한다.

길을 가는 행인이 되기도 하고
먼 길을 재촉하는 자동차이기도 하고
골목길에서 깜빡이는 전광판일 수도 있었다.

점이 소리를 가지면
세상은 영원히 잠들지 않는 곳이었다.

이토록 모든 것이 움직이는데
가만히 멈춰 서서 그것을 바라보면
그대는 금세 두려워하곤 했다.

그것은 영원히 멈추지 않으므로,
잠시 서있던 거리만큼
자신을 버리고 흘러갈 것 같아서.

어찌하여도 그보다 빨리 달릴 수가 없었다.

그러니 숨이 찰 때마다 점점 멀어지는 뒷모습에
결국 홀로 남을까 울음이 터져버릴 테지.

닿지 않을 지평선 너머까지 들리도록
소리 내 크게 운다 하여도
달라질 건 없다.

그것은 멈추지 않는 것이었으니까.

지쳐 잠든 그대의
머리카락을 쓸어 넘기며 얘기해 주었다.
네가 숨을 내쉬는 소리가 들린다고.

그대의 소리가 깜빡이는 것은
그가 당신을 품고 굴러가고 있음을 의미했다.

06 : 34 AM

필요하지 않은 순간이 있다
우린 때때로 해답이

우리가 어떤 친구가 될지, 어떤 색을 가지게 될지 알지 못했어.

언제였지, 우리가 겁도 없이 새벽 거리를 누비며 젊음을 과시하던 때가. 공공기물을 파손하고 다닌 건 아니었지만 이제 와서 생각해 보니 우리들의 한껏 높아진 목소리는 충분히 공해였을 듯싶다.
셋이 함께라면 거칠 것이 없었다. 우리는 대학교에서 처음 만났다.

신입생 새내기 시절. 11학번 오리엔테이션을 가는 버스에서 내 옆자리에 J 양이 앉은 것이 만남의 시작이었다. 오리엔테이션이 지나고 강의를 들으러 처음 학교에 나간 날. 이제는 정확히 어떤 개연성이 있었는지조차 기억나지 않지만 딱 하나의 장면만은 선명하다.

J 양과 나는 학교 정문 앞에 서 있었고
그녀가 내게 조심스럽게 말을 건넸다.

"혹시 혼자야? 같이 다니는 친구가 아직 없다면 우리랑 있어. 내 친구들을 소개해 줄게."

내 대답이 끝나기도 전에 J 양의 따뜻한 손에 이끌려 간 곳에서 무리에 섞여 있는 L 양을 만났다. 하지만 우리가 처음 만났을 때부터 지금처럼 친밀하진 않았다. 그때의 우리들은 아직 아무런 색도 가지고 있지 않았다.

J 양과 L 양은 정말 정반대의 이미지였다.

J 양은 말수가 적고 목소리도 크게 내지 않았으며 대화할 때 주로 잘 들어주는 쪽이었다. 앞머리를 눈썹까지 빼곡하게 채우고 검은 머리를 등까지 길게 길러 내렸다. 치마라면 질색해서 한 번도 입는 법이 없었으며 노란 후드티를 즐겨 입었고 늘 어깨를 안으로 굽고 다녀서 한눈에도 소극적인 성격인 것을 알아볼 수 있었다.

그에 비해 L 양은 아주 호방함 그 자체였다.
곱슬이 가득한 밝은 갈색 파마머리에 우렁찬 목소리. 피부가 하얘서 입술에 바른 틴트가 언제나 원색보다 붉어 보였고 욕을 내뱉는 데에 거리낌이 없었으며 파란 호피 무늬 스웨터를 자주 입고 다녔다.

우리들의 첫인상을 떠올리니 새삼 지금에 비해 촌스럽기 그지없는데 벌써 10년을 넘는 시간이 우리를 훑고 지나갔다. 수많은 밤이었고 평범한 날들이었다.
남들처럼 우리는 함께 기차여행을 다녔고 늦은 저녁 함께 술잔을 기울였고 자신이 맛있게 먹었던 음식점에 서로를 데려갔다. 특별할 것 없이 그저, 흘러가는 세월을 그대로 공유했다.

그렇게 시간이 지나고 나니 우리는
팔레트 위에 섞인 물감처럼 서로 비슷한 색을 내고 있었다.

그 여름밤, 필요했던 건 시원한 맥주였지.

어느 해 열대야의 여름.
한강에서 나란히 맥주를 까고 도란도란 이야기 나누던 밤이 떠오른다. 대개 우리들의 고민은 불투명한 미래에 대한 것이었다. 갓 스무 살 무렵에 인생을 그릴 땐 번듯한 직장과, 호화롭진 않아도 안락한 내 집을 가진 삶을 상상하곤 했다. 나이를 먹어가면 그런 것들을 자연스레 다 따라오리라 믿었다. 허나 여기 현실의 어른들은 그렇지 않았다. 아직도 물가에 내놓아진 갓난아기 마냥, 삶이 위태하여 다 그만둔 채로 멈춰 서고 싶은. 하루하루에 이골이 난 평범한 직장인들일 뿐이다.

나는 실패한 부품은 아닐지
올바른 길을 제때 걸어가고 있는 게 맞는지
과연 어디까지 걸어왔고 얼마나 더 가야 하는 것인지

20대의 끝자락에 걸터앉은 애어른들은 온전한 어른이 되기 위해 해답 없는 토론을 종종 하곤 했다. 그런데 이날은 L양이 흥미로운 이야기를 꺼냈다. 로맨스에 대해서였다.

우리들은 각자가 지닌 연애사가 그리 길지 않다. 또한 각자는 본인의 러브 스토리를 먼저 토로하지 않아서 늘 누군가 먼저 콕 집어 교통상황을 물어보아야 했다. 그런데 그날은 그녀가 먼저 고민이 있다고 한다.
L 양의 질문이었다.

"너네는 연애할 때 설렘에 대해 어떻게 생각해?
설렘이 없는 사랑은 죽은 것일까."

내게 있어 설레지 않는다면 사랑이 아니었다. 언제나 나의 상대가 세상에서 제일 빛나 보였고 함께 있어야 비로소 행복했다. 아무리 오래 만난다 하더라도 심장이 죽은 적은 없었다. 뒤돌아서야 할 때를 제외하곤.

반대로 J 양은 한 번도 설렘을 느껴본 적이 없다고 했다. 그녀로서의 삶을 채우기도 바빴으며 아직 가슴 절절한 연애에 별로 뜻이 없는 J 양이었다. 그녀는 우리 중 가장 오래전부터 자신의 자유에 만족하고 자신에게 충실히 시간을 들이고 있었다. 지긋이 들은 L 양은 다시 설렘을 느끼고 싶다고 했다. L 양도 나처럼 언제나 설렘을 피워냈었다고 한다.
그녀는 오래된 연애를 하고 있었다.

친구 같은 사랑을 해오던 그녀였고
그녀가 연인과 다툴 때면 우리는 언제나,

"오빠한테 잘해줘라. 너 받아줄 사람은 오빠밖에 없어."

라며 못을 박았다. 그러면 그녀는 곧바로 쌜룩 웃으며

"나도 알아. 그래서 잘해주려고."

라고 맞장구 치곤했다. 그날도 어김없이 같은 농담을 하였지만, 나도 안다고 대답하는 L 양의 명치가 답답해 보였다. 한강의 밤공기가 차게 느껴져서 맥주를 내려놓았다.

사랑을 목놓아 부르는 애절한 노래들.
사랑이 가진 슬픔의 이면에 괴로워한 수많은 시인들.

온전히 받는 사랑은 거리에 널린 것이 아니었다. 하지만 시간이 흘러 더 이상 반짝이지 않는다면 결국 가라앉아야만 하는 것인가.
주는 사랑에 아낌없곤 했던 나는, 어쩌면 건네는 사랑이 클수록 받는 이도 많이 무거웠겠구나 생각해 본다. 오늘의 그녀는 마음이 가야 할 길을 이미 알고 있는 듯했다. 우리는 남은 맥주를 마시고 자리를 정리하며 그녀를 보내주었다.

그 후 빠르게 찾아온 겨울.
다시 오랜만에 모인 우리들은 여느 때와 다름없이 맛있는 것을 먹고 어느 카페 구석에 찌그러져서 지친 체력을 충전하고 있었다.

그날의 소란이 어떻게 갈무리되었는지 L 양에게 물어보았다. 그녀는 담담한 표정으로 얘기했다. 얼마 지나지 않아 연인에게 헤어짐을 얘기했지만 눈물 맺힌 얼굴을 본 순간, 덩달아 왈칵 눈물이 나면서 본인이 원한 건 이게 아니었음을 깨달았다고.

만남이 길어진 만큼 쌓여온 순간 속에서 짓눌려 온 감정들도 많았을 것이다. 한바탕 소나기를 쏟아낸 그들은 이전보다 더 견고해져 있었다. 이제는 설렘에 관해 물으면 대수롭지 않은 목소리로 답한다.

"꼭 필요하진 않은 것 같아. 이렇게 안정감을 줄 수 있기도 쉬운 일은 아니고 이것도 사랑의 한 종류라 생각해."

우리는 잘된 일이라며 L 양을 축하해주었다.
지금의 그녀들은 딱 적당하게 행복해 보인다.

홀로 겨울밤을 빛내고 있을 별에게

지난 시간 속에서 그녀들은 행복을 찾는 법에 대해 조금은 더 알게 됐을까. 어떻게 해야 내게 맞는 행복을 찾아낼 수 있을지 나는 아직 잘 모르겠다. 나는 항상 되돌아보아야 풍경이었음을 깨달았고 홀로서기엔 외로움이 너무 많았다. 어떻게 해야 보통의 존재가 될 수 있을지 몰라, 제자리에 가만 박혀서 끔뻑이는 별 조각일 뿐이다.
어디로 가야 할지 갈피를 못 잡는 건 이 까만 밤하늘에 나 하나뿐인 걸까.

수많은 별들이 촘촘히 박혀 있지만 숨소리마저 고요한 새벽녘.
아득히 닿을 수 없는 거리에,
어쩌면 다른 별들의 존재조차 모르고 살아갈 우리가 박힌 밤하늘.

눈부신 햇빛이 밝아올수록 우리는 다시 사라지겠지만 이 어두운 자리에서 부지런히 빛을 내며 함께 버텨내었다. 어쩌면 내가 늘 필요로 했던 건 솔로몬의 해결책이 아니라 그저 하나의 순간에 함께 있어 주는 것만으로도 충분한 걸지 모른다.

이 마음이 어디로 휘청일지 몰라도
지나가는 길에 서로에게 잠시 기댈 수만 있다면
우리에겐 때때로 해답이 필요하지 않은 순간들이 있다.

"
어떤 표정, 말투, 아픔, 추억을 가져오든
그저 내게 찾아온
그 순간에 서 있는 너를 응원하겠다.

아직도 뒤척이느라 늦은 밤까지 잠 못 드는 별과
나 홀로 고독을 느끼고 있을 별들이

이 밤하늘엔 당신 혼자가 아님을.

함께 기대어 줄 수 있기를.
"

"
어딘가 부족하게 떨어지는 빗방울은
바닥을 충분히 적셔주지 않아 못마땅했다.

너무 많이 쏟아지는 빗줄기는
오히려 내게 튀어 올랐으므로 차가웠다.

하지만 내가 비가 된다면
차라리 세찬 소나기가 되길 바란다.

하얗게 세어 흩어져 버릴지언정
누군가를 온전히 적셔줄 수 있는
그런 존재이고 싶다.
"

07 : 20 AM

레시피 다이어리

너와는 함께할 수 있는 시간이 많지 않았다. 우리의 활동 시간은 정반대였기 때문에 새벽 어스름이 막 가실 이른 아침에 잠깐, 얼굴을 마주할 수 있을 정도가 전부였다. 잠깐의 그 시간은 필름과 같아서 애써 보관하지 않으면 바래서 사라져 버리게 된다. 짧은 순간들일지라도 따듯하게 담아두기 위해 나는 그즈음부터 요리를 시작했다.

회사에 다니던 나는 저녁과 밤사이에 퇴근하였지만 요식업을 하던 그는 날이 밝아올 무렵의 새벽과 아침 그사이 어딘가에서 돌아오곤 했다. 식사를 함께하기엔 시간의 거리만큼 식어버릴 뿐이었다.

그러니 내게 주어진 시간은 새벽하늘에서 아침 해가 너울거릴 때뿐이었다. 보통의 모두가 잠들 시간을 깨워 일하는 너라서. 그대의 곤한 몸이 조금이라도 데워지길 바라며 이른 아침을 준비했다.

밤늦게 퇴근 후 몇 시간 쪽잠을 청한 뒤 새벽에 일어나 송송 썰어두거나.
간혹 시간이 애매하면 아예 날을 세워 보글보글 끓여두거나.
때로는 재료를 모두 준비해 놓곤 잠깐 눈만 붙이려다 새벽을 꼴딱 재워버린 날들도 있다.

가끔은 먼저 식사를 찾기도 했지만 대부분은 간단한 맥주 한 잔으로 하루를 어서 닫고 싶어 했기 때문에, 바로 잠들기 부담스럽지 않을 메뉴를 궁리하곤 했다.

때로는 입맛에 맞지 않아 수저를 내려놓는 일도 많았지만 괜찮았다.
그대가 등에 지고 온 피곤함을 내려놓고 오늘 하루 당신에게 있었던 일을 함께 나눠 먹는 것만으로도, 식탁 위 레시피에 우리의 하루를 기억할 수 있었으니까.

오랜 시간 졸였던 갈비찜은 너무 달고 짰지만
너의 서른 번째 생일이 담겼고,

기다란 소시지와 칠리소스가 잘 어울렸던 크루아상 샌드위치는
네가 가장 맛있게 먹어주었고,

밤새 끓여 낸 육수로 포근하게 담아낸 떡국은
우리가 함께 맞이한 첫 새해의 맛이다.

다이어리를 펴서 네가 없는 우리를 기록한다.
레시피 하나를 써 내려갈 뿐이다.

"새벽이 공허한 건 그냥 배가 고파서가 아니야.
너와 함께, 맛있는 걸 먹고 싶은 거지."

09 : 30 AM

> 헤이즐넛 시럽 넣어주세요
> 커피는 연하게

엄마의 커피

어릴 적에 주말 아침마다 나를 눈뜨게 하는 소리가 있었다. 주전자가 열에 차서 뿜어내는 증기 소리는 아니고, 찌개의 보글거림도 아닌데 무언가 끓어오르는 소리. 엄마가 전기 포트에 원두커피를 내리는 소리였다. 맹물과 보리차만 찾아 마시던 어린아이의 눈에 까맣게 끓고 있는 액체는 호기심을 자극하기 충분했다.

엄마는 라디오에 가수 김수희의 '애모'를 틀어 둔 채 김이 모락모락 나는 커피를 단정한 잔에 절반만 따라낸 뒤, 투명한 유리병에 가득 채워둔 황색 알 설탕 몇 숟갈을 넣어 마시곤 했다.

아이는 그녀의 모습에서 뭔지 모를 우아함을 가득 느꼈다.
나도 커피라는 것이 먹어보고 싶어졌다.

엄마는 아이가 밤에 잠을 못 잘 것을 꺼려 권하지 않았지만 아이의 고집을 꺾을 수 없었다. 맛만 보여주기 위해 아주 조금 따라 주며 입맛에 맞을 정도까지 설탕 알갱이를 넣으라고 일러주셨다. 설탕을 넣기 전 먼저 맛보기로 한다.
입술이 데일까 봐 조심하며 홀짝 한 모금 마셔보니 약간 짙은 보리차랑 다를 바 없었다. 엄마의 잔을 한 입 해보니 내 것과 다르게 달달한 맛과 향이 너무 잘 느껴지는 것이었다. 엄마를 따라 알 설탕을 몇 숟갈 넣으니 온연히 맛있는 커피가 되었다.

이 알 설탕이 보물이었구나.
어릴 때부터 단것을 별로 좋아하지 않았지만 이날 이후론, 이따금 단맛이 당길 때면 엄마 몰래 유리병 속 알 설탕을 한두 조각씩 꺼내 입안에서 녹여 먹곤 했다.

하지만 시간이 오래 지나지 않아 맞벌이를 시작하시면서 더 이상 커피를 내리는 엄마는 볼 수 없어졌다. 따사로운 아침 햇살과 커피의 향은 보기 좋게 어울렸으나 모든 향기가 으레 사라지듯… 그렇게 여자의 우아함은 기억을 가득 채운 뒤 흩어졌다.

커피 전문점

그 사이 아이가 훌쩍 자라 세상을 돌아다니게 되면서 커피를 전문으로 파는 가게들이 있음을 알게 됐다. 가게는 생각보다 다양했고 이용하는 사람들도 아주 많았다.

처음으로 커피숍을 찾아가서 음료를 주문했던 날은 적잖이 당황스러웠다. 내가 먹어본 커피는 엄마의 원두커피 하나뿐인데 메뉴판에는 모두 외래어 같은 이름밖에 없어서 주문할 때 원두커피는 없냐고 물었다.

점원은 친절하게, 모든 음료 메뉴는 원두커피로 만든다고 답해주었다.

"아~ 그러면 그냥 커피 하나 주세요."
"모든 음료는 다 커피가 들어가니까 메뉴를 하나 골라주셔야 해요."
"음… 뜨거운 물처럼 마시는 원두커피는 뭔가요?"
"아메리카노 말씀이신 가요? 그걸로 드셔 보세요. 제일 기본적인 메뉴예요."
"네! 그러면 그걸로 주세요."

그렇게 문화 촌사람이 손에 얻어낸 커피숍의 커피는 다행히도 내가 어릴 때 마셨던 것과 똑같이 생겼었다.

따듯한 김이 모락모락 나며 찰랑이는 검은 물. 후후 불며 한 모금 넘긴 순간 나의 혀는 경악을 금치 못했다.
정말로 이 쓴 게 커피라고? 이걸 돈 주고 사 마신다고? 뭔가 잘못된 것이 틀림없었다. 같이 커피숍을 갔던 친구에게 내 커피가 너무 쓰다고 혹시 내가 잘못 주문한 것이 아닐까 물어보았다. 일행은 아주 태연하게, 아메리카노는 원래 쓴 게 맞고 쓴 걸 잘 못 마시는 사람들은 시럽을 넣어서 먹더라고 답해주었다. 시럽은 또 뭐란 말인가.

다시 한번 방문했을 땐 아메리카노에 시럽을 넣어 달라고 주문하였다. 받아 든 커피는 확실히 이전보단 단맛이 가미됐지만, 그저 단맛과 쓴맛의 자기주장이 서로 강할 뿐 내가 기억하는 맛이 아니었다.

약간의 답답함이 감싸 올랐다. 대단히 값비싼 음식도 아니고 주변에서 쉽게 구할 수 있는 건데 여전히 원하는 맛을 얻어낼 수가 없자 오히려 추억 속 커피에 대한 갈망이 생겨 버리기 시작한 것이었다.

그 즈음에 아르바이트를 시작할 수 있게 되면서 내가 제일 먼저 배운 일은 바리스타였다. 그 시절 빼앗긴 주말의 향기를 추억하며, 커피숍마다 모든 음료의 제조법을 달달 외워 직접 커피를 만들어 보는 게 새로운 즐거움이 되었다. 하나의 재료도 어떻게 활용하느냐에 따라 다른 맛을 내는 음료가 되는 것이 제법 흥미로웠다.
커피숍이라면 어디든 가리지 않았고 레시피와 재료 정보를 닥치는 대로 경험하며 수집했다. 추억의 커피는 점점 선명해졌지만 아직 만들어 낼 수 없었다. 에스프레소의 농축된 씁쓸함과 걸쭉한 시럽의 찡한 단맛은 내가 찾고자 하는 은은함이 결코 될 수 없었다.

지나간 것은 그리움으로 남겨 놔야만 하는 것일까.

나만의 커피

커피 도장 깨기를 거치다 보니 어느새 바리스타 자격증을 준비하고 있었다. 문득 이건 너무 멀리 온 것 같다는 생각이 들었을 때 결국 엄마에게 해답을 구해 보길 결심했다.

진작 물어봤을 수도 있지만 그러지 않았던 이유는
내가 아끼는 추억이라서였다.

나는 추억이란 것을 특별하게 여긴다.
하나하나 차곡차곡 쌓여가는 것이 기특하고 시간이 지날수록 더욱 반짝이는 모습도 아주 어여쁘다. 추억에는 좋고 나쁜 것이 없었다. 그것은 그저 나의 시간이었고 내가 나를 알 수 있게 도와주는 도서관이었다.

나의 추억을 알리는 것은 곧 나를 알리는 것과 같아서,
어디까지 보여주어야 할지 추억을 가늠하고 싶지 않았다.
무엇보다… 그녀에게도 너무 예쁜 추억이어서 슬퍼지지 않기를 바랐다.

엄마에게 전화를 걸어 물어보았다.

"엄마, 나 어릴 적 엄마가 아침마다 내리던 커피 기억해?
나 그게 너무 먹고 싶은데 어떻게 만든 거야?"
"뭐 별거 없지~ 그냥 커피 내려서 설탕 두 스푼 넣은 게 끝이겠지 뭐."
"근데 내가 만들면 그 맛이 안 나. 그리고 나 카페인 잘 못 먹나 봐.
커피를 마시면 심장이 너무 두근거려서 잠도 못 자겠더라구."
"그거야 엄마가 연하게 타줬으니까 그렇지~ 그리고 설탕도 좀 넣어야지.
옛날에 알 설탕도 엄마가 비싸게 사서 채워 둔 거야. 하도 오래돼서 엄마
도 기억 안 나는데 헤이즐넛 향이 나는 고급 설탕이었어."

기억에서 흐려질 만큼 오래 지난 일이었다.
고이 간직했던 시간은 오래 지난 나머지 바래져서 정확히 알아챌 수 없었
지만, 기억을 더듬어 몇 가지 힌트를 떠올려 본다. 다시 비장하게 커피숍
을 향했다. 이번엔 만들어 낼 수 있다는 자신감을 가지고.

뜨거운 물 한 컵에 에스프레소 0.5 샷
그리고 헤이즐넛 시럽 한 펌프.

김이 모락모락 나는 커피음료의 향은 꽤 그럴싸하다. 아주 조금 마셔보니 어릴 때의 그 맛과 완벽히 똑같진 않지만 가장 가까운 맛을 내고 있었다. 이 헤이즐넛 향기가 기억의 열쇠였구나…

손에 쥔 커피 한 잔은 작고 따뜻했으며 가벼웠다.
이 한 잔은 나를 움직이게 만드는 원동력이었다.

나의 기억 속에 이미 열쇠가 있음을 알고 있었지만, 경험의 정보를 닥치는 대로 수집하고 나서야 그 열쇠가 무엇이었는지 알아볼 수 있었다.
이 한 잔을 얻기 위해서 여기까지 필요했구나.
그 시절 그렇게 맛있었던 이유는 그녀의 사랑 한 스푼이 더 들어갔기 때문이었음을 이제는 안다.

손안의 커피는 가볍지만 달콤한 기억은 더욱 무게를 가지게 되었다. 명찰을 단 앞치마를 두르고 커피숍 주방에 뒤돌아서서 마시는 커피는 엄마와 같은 우아함은 없지만, 아이는 그녀와 함께 마시고 있었다.

아, 근데 좀 쓰네. 헤이즐넛 시럽 반 펌프만 더 넣자.

에
필
로
그

따스한 온기는 어디에나 존재한다는 것을 이제는 안다.
다만 나에게 닿기 위해 오는 중일뿐.

우울에 잠기는 작가한테,
한 송이 꽃을 안겨주는 그대에게.
마지막으로 전하는 글.

하얀 해를 마주할 때 나의 세상이 시작된다.
먼저 시작된 너의 시간은 지금껏 어떻게 흘러갔을까.

주홍빛으로 물들어갈 때 문득 다시 궁금해진다.
함께 익어간 우리의 시간은 이제 어디쯤 흘러왔을까.

까맣게 문을 닫을 때 아련히 바라본다.
차가운 세상 위를 우리가 손잡고 걸어왔기를.

감정의 스물네 시간

초판 1쇄 발행 2023년 3월 3일

지은이 황현아
펴낸이 장길수
펴낸곳 지식과감성#
출판등록 제2012-000081호

디자인 황현아
편집 황현아
교정 황현아
마케팅 정연우

주소 서울시 금천구 빛꽃로298 대륭포스트타워6차 1212호
전화 070-4651-3730~4
팩스 070-4325-7006
이메일 ksbookup@naver.com
홈페이지 www.knsbookup.com

ISBN 979-11-392-0960-0(03810)
값 12,000원

- 이 책의 판권은 지은이에게 있습니다.
- 이 책 내용의 전부 또는 일부를 재사용하려면 반드시 양측의 서면 동의를 받아야 합니다.
- 잘못된 책은 구입하신 곳에서 바꾸어 드립니다.

지식과감성#
홈페이지 바로가기